Kurt Marti · Ge Gessler

Der Aufstand Gottes gegen die Herren

31 Gedichte und 23 Bilder
zum Thema Passion

Bildkommentare von Christian Radecke

Zusammengestellt und herausgegeben von Wolfgang Erk

Dem Band »Passion und Ostern. Gemeindeveranstaltungen«,
herausgegeben von Wolfgang Erk
im J. F. Steinkopf Verlag, Stuttgart 1977, sind die hier
auf den Seiten 49 ff vorgestellten acht Farbbilder
als Farbdias beigegeben.

CIP-Kurztitelaufnahme der Deutschen Bibliothek

Marti, Kurt:
Der Aufstand Gottes gegen die Herren: 31 Gedichte u. 23 Bilder
zum Thema Passion / Kurt Marti; Ge Gessler.
Bildkommentare von Christian Radecke. [Zsgest. u. hrsg. von
Wolfgang Erk]. – 1. Aufl. – Stuttgart: Radius-Verlag, 1981.
  (Radius-Bücher)
  ISBN 3-87173-604-x

NE: Gessler, Ge [Ill.]

ISBN 3-87173-604-x
5., 4., 3., 2., 1. Auflage (die letzte Ziffer gilt für diese Ausgabe)
© 1981 by RADIUS-Verlag GmbH Stuttgart
Umschlag: Gerhard Schröder
Gesamtherstellung: Clausen & Bosse, Leck
Printed in Germany

> Jesus ist genau gegen die Herrenmacht das Zeichen, das widerspricht, und genau diesem Zeichen wurde von der Welt mit dem Galgen widersprochen: das Kreuz ist die Antwort der Welt auf die christliche Liebe. Auf die Liebe zu den Letzten, die die Ersten sein werden...
>
> *Ernst Bloch*
> (In: Das Prinzip Hoffnung)

Christian Radecke: Ge Gessler, »Passion«

Selten malt ein protestantischer Künstler die Passion. Christus am Kreuz vielleicht, aber nicht den ganzen Weg der Passion. Anders im katholischen Raum: Jede Kirche will da mit dem Kreuzweg Jesu geschmückt sein. So ist die »Passion« des Malers Ge Gesslers ein seltenes Werk. Gessler, 1924 in Zürich geboren und als Protestant aufgewachsen, zog für viele Jahre in das Tessin. Dort fand er seinen eigenen Stil: meisterhaft verband er die Liebe zur intensiven Farbe mit dem Willen zur klar gestalteten Form. Südländischen Katholizismus atmend, auf Reisen bis nach Pakistan auch von asiatischer Religion fasziniert, ist Gessler zur Offenheit für jeden tiefen Menschengedanken gereift – für jede Spur des Göttlichen auf der Erde. Wenn wir Ge Ge nach seiner Religion fragen würden, würde er uns wahrscheinlich einen Moment nachdenklich anschauen, seine Pfeife in den andern Mundwinkel schieben und sagen: »Wenn Sie wissen wollen, ob ich katholisch, reformiert oder mohammedanisch bin, kann ich Ihnen nur antworten: Ich bin Christ.«

Ge Gessler läßt sich nicht nur von der Schönheit dieser Welt, sondern auch von den drängenden Problemen unserer Zeit ergreifen. Immer wieder hat ihn die Frage nach dem Leiden gepackt – Leiden, das Menschen einander zufügen und das nicht sein müßte. 1960 schuf er im Tessin den großen Zyklus »Passion« und stellte in acht großen Ölgemälden das Leiden Jesu in unsere Zeit. 1969 nahm er sich erneut des Themas an und schnitt die »Passion« in Linol, ohne den Prolog. Die Schwarz-Weiß-Bilder sind einfacher, vielleicht etwas trauriger, da und dort mit neuen Aussagen begabt. Wohl möchte Ge Gessler uns in den Passionsbildern mit der Harmonie von Form und Farbe beglücken, vor allem aber möchte er uns aufrütteln – zum Nachdenken über uns selbst. Ich meine, das gelingt ihm, ob er nun in Holz, Linol oder Öl arbeitet. Der Wille zur unbedingten Wahrheit spricht aus seiner Kunst. Seine »Passion« könnte uns dazu bringen, gegen das Leiden aufzustehen – wie einst Jesus. Dann hätte sie ihren Sinn vollends erfüllt.

I

Acht Einzelwerke und zehn Gedichte

es ist ein wunder
was ist ein wunder?

gezeugt zu werden
zu zeugen
geboren zu werden
zu gebären
gelebt zu werden
zu leben
geschaffen zu werden
zu schaffen
geträumt zu werden
zu träumen
geliebt zu werden
zu lieben
gebraucht zu werden
zu brauchen
gedacht zu werden
zu denken
gefühlt zu werden
zu fühlen
gestorben zu werden
zu sterben

es ist ein wunder
ist es ein wunder?
es ist

welcher mut

I
herr
   aber ohne
   knechte

messias
   aber ohne
   macht

therapeut
   aber ohne
   kittel

kämpfer
   aber ohne
   waffe

revolutionär
   aber ohne
   partei:

schuldig gesprochen
   aber ohne
   verteidiger

gehängt
   aber ohne
   zuspruch

auferweckt
   aber ohne
   spektakel

2
»jesus
   golden und silbern
   nackt
   in einem zimmer
   mit heutigen menschen

   welcher mut«

   (joan baez)

das gesetz

träume
geschlachtet
gehäutet
gesotten

sonntags
sitzen wir um den tisch

die rohen stücke
sind für die hunde

sonntags
sitzen wir um den tisch

etwas müssen wir essen
mehr als nur brot

sonntags
sitzen wir um den tisch

und essen
geschlachtete träume

dann und jetzt

und dann	wird sein wille
			ein fest sein
			die hochzeit von geist und materie
			der fall-out der liebe
			im kosmos

aber jetzt	ist sein wille
			ein riese
			der uns athletisch
			und hart
			an die wand boxt

und dann	wird sein wille
			ein tanz sein
			die körper der schöpfung
			zum lobe des schöpfers
			bewegend

aber jetzt	ist sein wille
			ein zwerg
			der listig und rasch
			den tapferen
			in den staub wirft

aber dann		aber jetzt		ist sein wille
						zärtlich unerbittliche
						zukunft

das reich der himmel

> gustav heinemann:
> die herren der welt kommen und gehen –
> unser herr kommt

der himmel der ist
ist nicht
der himmel der kommt
wenn
himmel und erde
vergehen

der himmel der kommt
ist
das kommen des herrn
wenn
die herren der erde
gegangen

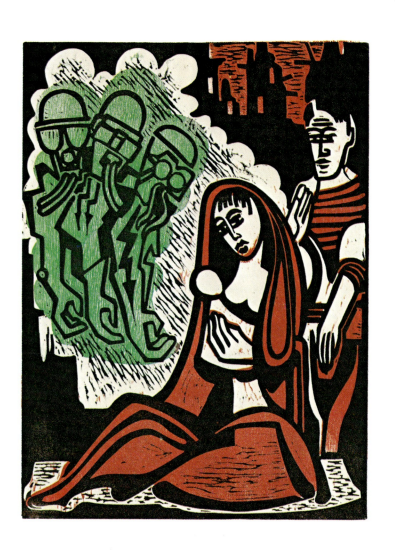

schriftgelehrte

                                      peter hille:
                                      ...gotteserörterer...

sie örtern
wir örtern
gott
vergeblich
mit wörtern

denn

er ist der
geist
und läßt sich nicht
örtern

er ist das
wort
und läßt sich nicht
wörtern

sorge dich nicht

gekreuzigt und nackt
in den lilien des feldes
die schöner als salomo
leuchten in ihrem triumph

gekreuzigt und nackt
ein festplatz
für fliegen und vögel
die weder säen noch ernten
und unser himmlischer vater
ernähret sie doch

gekreuzigt und nackt
der sorglose
dem sies besorgten
am pranger
des wilden erbarmens

sorge dich nicht

zuspruch

fürchte dich nicht!

abwärts
helfen dir
alle heiligen

unten ist schon
der tisch des talgotts
gedeckt

die nacht
wird sehr herzlich
sein

verlassen

der sich
ganz auf gott
verließ
    hängt am holz
    von gott
    verlassen

der
die gnade
ist
    schreit im schmerz
    der gnaden-
    los

der
für liebe
stritt
    stirbt
    von haß
    durchbohrt

trinität

du:
die liebe schon immer
changierend im farbenspiel
aller rassenpigmente

du:
die stadt ohne tempel
die keiner priester
und keiner richter bedarf

du:
die brüderlichkeit
wo ein jeder teilt
mit den andern

du:
seit anfang
das ende der herrschaft
in deiner dreieinigkeit

du:
der immer schon war
was erst wird
und deshalb am kreuz

II

»Passion«
Ein Zyklus in sieben Linolschnitten
mit sieben Gedichten

intonation

singet dem herrn
der nie eine uniform trägt
der nie eine waffe ergreift
der tote zum leben erweckt

singet dem herrn
der nie einem fahnentuch traut
der nie an parolen sich hängt
der feinde als brüder entlarvt

das tägliche brot

unser ist unser und unser ist euer
unser ist freund und unser ist feind
unser ist nah und unser ist fern
unser ist euer und unser ist unser

täglich ist heute und täglich ist morgen
täglich ist viel und täglich ist wenig
täglich ist leben und täglich ist tod
täglich ist morgen und täglich ist heute

brot ist brot und brot ist reis
brot ist tisch und brot ist dach
brot ist bett und brot ist frau
brot ist reis und brot ist brot

brot ist gnade und brot ist recht
saint-just sprach: »le pain est le droit du peuple«
gib uns bitten les saints und gib uns les justes
gnade ist brot und gnade ist recht

le pain est le droit du peuple:
das Brot ist das Recht des Volkes

abendland

schöner judas
da schwerblütig nun
und maßlos
die sonne
ihren untergang feiert
berührst du mein herz
und ich denke dir nach

ach was war
dein EINER verrat
gegen die VIELEN
der christen der kirchen
die dich verfluchen?

ich denke dir nach
und deiner
tödlichen trauer
die uns beschämt

neue internationale

I

karfreitag   verdammt   was schön
                sagst du immer   ist verdammt
                verdammt   und verdammt ist
                und sagst gott   was schön
                und sagst schön
                und es stimmt   und gott
                                      ist verdammt
                                      ein verdammter
                                      ist gott

II

ostern   verdammt   wacht auf
                sagst du immer   verdammte
                verdammt   zur freiheit
                und es stimmt: kommt mit
                wir sind es   verdammte
                jetzt aber   ins leben
                hat der verdammte
                aller verdammten
                alle verdammnis
                gesprengt

jesus

1

mit einer schar von freunden (freundinnen auch)
durch galiläas dörfer und städte ziehend
hat er kranke geheilt und geschichten erzählt
von der weltleidenschaft des ewigen gottes

2

privilegien der klasse der bildung galten ihm nichts
zu seinem umgang zählten tagelöhner und zöllner
wo mangel sich zeigte an nahrung oder getränk
teilte er fische brot und wein aus für viele

3

die gewalt von gewalthabern verachtete er
gewaltlosen hat er die erde versprochen
sein thema: die zukunft gottes auf erden
das ende von menschenmacht über menschen

4

in einer patriarchalischen welt blieb er der sohn
und ein anwalt unmündiger frauen und kinder
wollten galiläer ihn gar zum könig erheben? er aber
ging hinauf nach jerusalem: direkt seinen gegnern ins garn

5
auf einem jungesel kam er geritten – kleinleute-messias:
die finger einer halbweltdame vollzogen die salbung an ihm ...
bald verwirrt bald euphorisch folgten ihm die freunde die jünger
um bei seiner verhaftung ratlos unterzutauchen ins dunkel

6
über sein schweigen hin rollte der schnelle prozeß
ein afrikaner schleppte für ihn den balken zum richtplatz hinaus
stundenlang hing er am kreuz: folter mit tödlichem ausgang –
drei tage später die nicht zu erwartende wendung

7
anstatt sich verstummt zu verziehen ins bessere jenseits
brach er von neuem auf in das grausame diesseits
zum langen marsch durch die viellabyrinthe
der völker der kirchen und unserer unheilsgeschichte

8
oft wandelt uns jetzt die furcht an er könnte
sich lang schon verirrt und verlaufen haben
entmutigt verschollen für immer vielleicht – oder bricht er
noch einmal (wie einst an ostern) den bann?

9
und also erzählen wir weiter von ihm
die geschichten seiner rebellischen liebe
die uns auferwecken vom täglichen tod –
und vor uns bleibt: was möglich wär' noch

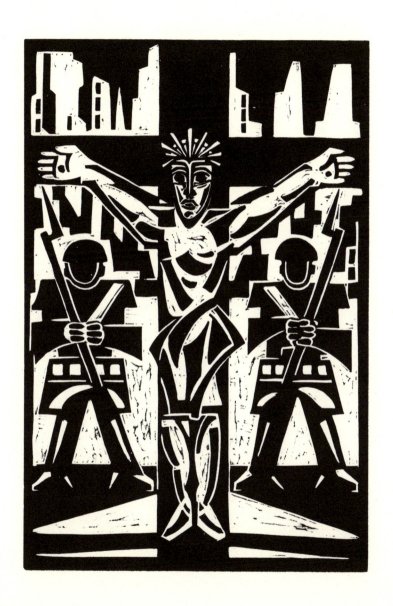

kreuzigung

zimmerer
zimmern
die balken –
und dann
den zimmerer
an die balken –
und dann
den gebälkten
zimmerer steil
in den wind -
richtbaum
aus flatterndem atem
richtbaum
aus zuckendem fleisch
richtbaum
schreiend über
den firsten
der welt

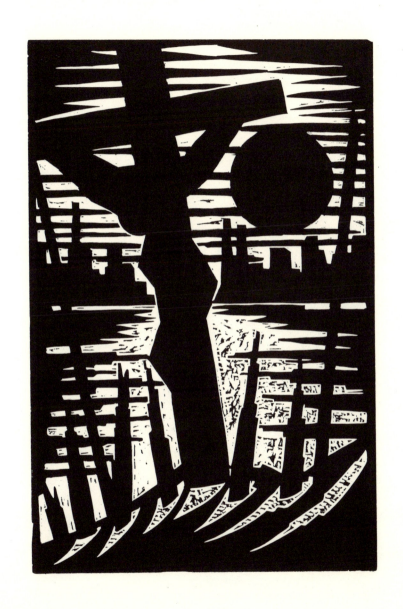

das leere grab

ein grab greift
tiefer
als die gräber
gruben

denn ungeheuer
ist der vorsprung tod

am tiefsten
greift
das grab das selbst
den tod begrub

denn ungeheuer
ist der vorsprung leben

III

*»Passion«
Ein Zyklus in acht Harzölbildern
mit je einem Kommentar
und 14 Gedichten*

die passion des wortes GOTT

das blutet aus alles wunden
das wird vergewaltigt noch und noch
das ist verraten zertrampelt zerschossen geköpft
        gerädert gevierteilt gezehnteilt
verlorene glieder wurden durch monströse prothesen ersetzt
das ist sich selber und uns und allem entfremdet
ist schizo und neuro und psycho
zerstochen über und über von nadeln mit denen
        fremde substanzen injiziert worden sind
das agonisiert ohne ende
ist vielleicht schon tot oder noch nicht oder
        das consilium der ärzte diskutiert noch zur zeit
und ALSO wurde das wort GOTT
        zum letzten der wörter
        zum ausgebeutetsten aller begriffe
        zur geräumten metapher
        zum proleten der sprache

Passion heute

Gewalt, wo wir hinschauen – und Leiden, erzeugt durch die Gewalt. Leiden – Passion – von Millionen Menschen: wer von uns litte nicht an dieser unfaßlichen Realität? Aus Gesslers Leiden am Leiden ist der Bilderzyklus geboren, und gerade das erste Bild.
Der Mächtige, Gepanzerte, tut Gewalt an – der Machtlose, Nackte, stirbt an der Gewalttat. Die Panzer oben, die verstümmelten, schreienden, sterbenden Menschen unten erinnern uns an vieles: Niederwalzung der Aufstände in Ungarn, der Tschechoslowakei durch die sowjetischen »Brüder«; Großmachtskriege in Vietnam, Kambodscha; Bürgerkriege in Uganda, Nicaragua, El Salvador bis heute – oder gar an den Weltkrieg. Gewalttat der Machthaber gegen die Armen und ihre verzweifelten Aufstände, wo wir hinschauen.
Und überall dasselbe Bild: versengte Erde, entlaubte Bäume, der Himmel am Verbrennen.
Einer ist verschont, links, steht da im schützenden Torbogen. Wer gibt ihm den Schutz: sein reiches Land, sein Glaube? Fahnen oder Kreuz – oder am bestes beides? Er steht da, der Heutige, erfolgreicher Bürger mit Krawatte, aufs Elend der andern hinüberschauend, aber schon im Schauen den Kopf wieder abwendend. Er steht da, hemdsärmlig. Das Leiden und Sterben der verzweifelten Aufständischen macht zwar schon ein wenig heiß; aber er sagt sich, Hauptsache, mir geht es gut! und: was könnte ich da schon machen? Er reißt sich zusammen, wie ein Soldat, und versteinert. Je länger ich ihn anschaue, umso mehr wird das Tor um ihn zu einem Spiegel – und das Bild des Heutigen zu meinem Spiegelbild. Bin ich nicht auch so wie er: Ich sehe zwar, aber ich will nicht sehen? Ich höre zwar die Schreie, aber ich will nicht hören. Ich bin zwar froh um die andern, aber ich will für sie nichts tun ... nicht einmal mitleiden, und schon gar nicht: gegen das Leiden aufstehen! Bin auch ich versteinert?

einziehend in jerusalem

jakob van hoddis:
er ist der königstraum der welt

»– komm mit: wir ziehen
und bauen auf zion christopolis
die glitzernde krone der schöpfung
die strahlende braut im tanz der planeten
wir fügen die mauern aus jaspis
und pflastern die gassen mit gold
wir brechen uns tore nach allen vier winden
und stoßen in tempelposaunen
zum heiligen sieg der alle siege
für immer beendet

komm mit: wir sehen die könige reiten am ölberg
präsidenten beschärpt im offenen auto
magnaten nun pilgerwillig zu fuss
wir sehen von fern karawanen sich nähern
mit antilopen aus natal
mit papageien aus rio
und schlanken sibirischen wölfen
mit siamesischen gauklern
und bantutänzern in schöner ekstase
mit knochigen yogis vom ganges
und komsomolzen voll heiligen jubels

komm mit: wir hören das bileamitische lob von bankdirektoren
aus nepal die tuba aus mexiko flöten
wir hören das trällern der traurigen dichter
den barbarhythmus der neger aus harlem
wir hören die kreischende geige der clowns
und hirtenflöten vom delphischen hügel

komm mit: wir ziehen
und bauen auf zion christopolis
mit unserem herrn –«

der reitet
schweigend im jubel
ihnen voran

Jesu Aufstand gegen das Leiden – ein Leidensweg

Sieben Bilder erzählen nun von einem, der sich nicht versteinern ließ wie wir und der lebendig blieb: Jesus von Nazareth. Jesus, der gegen das Leiden aufstand und dabei selber ins Leiden kam.
Als erste Station des Wegs wählt der Maler Palmsonntag: Jesus zieht in der Hauptstadt ein – und die Menge feiert ihn! Auf dem Esel, dem Reittier der Armen, kommt er uns entgegen – als König der Armen und Unterdrückten. Es scheint, er ist angekommen mit seiner Botschaft vom Reich Gottes, vom Himmel auf Erden. Es scheint, man schätzt seine Erkenntnis, seine Lehre vom Glück: »Glücklich sind, die auf Gewalt verzichten; sie werden einst die Erde besitzen. Glücklich sind, die Frieden schaffen; sie werden einst Kinder Gottes heißen.«
Jesus wird gefeiert als Lehrer des Lebens; er bedient sich der jahrtausendealten Gebärde des Lehrenden: der drei erhobenen Finger der rechten Hand. Aber schalkhaft-ironisch ist sie in unsere Zeit übersetzt, verwandelt zum V-Zeichen Churchills: Sieg! Ja, wird er denn siegen gegen alle Gewalt und Zerstörung des Lebens? Die Menge jubelt ihm zu: mit Händen und Fähnchen wie einem Fußballstar. Aber wer sind diese Menschen? Menschen ohne Gesichter, ja Masken, Hohlköpfe. Sie wissen nicht, was sie tun. Werden nicht dieselben wenig später schreien: Ans Kreuz mit ihm!? Nicht zufällig packen einige Hände zu, wie Zangen.
Gefeiert werden, mißverstanden werden: Schon das ist Passion. Und dennoch kommt Jesus auf uns zu, den schönen Himmel, die blaue Gotteswelt zurücklassend, und durchschreitet das Tor zum Leiden. Hoffnung dennoch: Der blaue Himmel durchflutet die Welt bis zuunterst – Gott bleibt die Zukunft – des Königs und der Armen.

mittag

schön ist
die sonne
das zinkblech
der mittag

der mensch
die eilig
wandernde schrift
an häuserfronten entlang

schön ist
der mittag
die city
der sandstein
in bern

der mensch
dem business-käfig
enthüpft

und schön
der kreisende rummel
um knurrende mägen:
geräusch
von gott nicht im geringsten
verachtet

schön ist
die sonne
der mittag
das fest der
tausendfältigen speisung

gnadenwirtschaft

haben
und teilen

wenig haben
austeilen

weniger haben
mehr austeilen

nichts haben
viel austeilen

in der wüste
die lustige
wirtschaft

wo das wort
zum wirte
geworden

bis alles verteilt
und alle gehabt

abendmahl

1
unverbraucht
leuchtet das unbrauchbare
fasane
spazieren über den abendmahlstisch
franziskus
ist als eule wiedergekommen
tontrauben
wachsen in bogengewölben
messiaen
reinigt verwundert
die randlose brille:
leute sind bunt
zum göttlichen picknick gelagert

2
»die schule ist aus«
singt mamma priester
»meine seele freut sich des herrn:
hic jesus hic salta«

mitpredigt ein pfarrer:
»daß ER ist genügt
daß WIR sind genügt –
denkt an die lilien im feld
hört auf die vögel
im dionysischen klangwald«

und dann die becher
und dann die stimmen:
»dankt dem messias
der nach seiner tötung
entbrannt ist für uns
in der leidenschaft
seiner auferstehung«

Abendmahl

Gemeinschaft der Glaubenden und Liebenden – kraftvoll und klar haben wir sie hier vor Augen. Um den runden hellen Tisch vereint, zu einem rot-feurigen, vollkommenen Ring verschmolzen: So soll immer wieder die Gemeinschaft der Christen sein. Bei jedem Abendmahl ist Jesus als das Haupt anwesend: damals sichtbar, heute unsichtbar.
Jesus war in seinem Kampf gegen Gewalt und Leiden, in seinem Kampf für eine menschliche Welt nicht allein: Er sammelte um sich Schüler und Freunde. Darum gibt es noch heute die Kirche und ihre Gemeinschaft: Damit wir nicht allein sind in unserm Kampf für das Leben.
Wenn Christen sich um den Tisch versammeln, dann strahlt diese Gemeinschaft immer wieder über sich selbst hinaus – dann können stets neue Felder der Hoffnung gesät werden. Davon reden Rot und Grün. Immer wieder aber wird die Gemeinschaft verwundet: von dem, der sich enttäuscht abwendet und ein Licht wegstiehlt.
Zur Gemeinschaft können wir gehören, selbst wenn unsere Köpfe noch nicht fertig und unsere Gesichter noch nicht vollkommen sind.
Und eigenartig: Auf dem Tisch fehlt das Brot und der große Abendmahlskelch. Das sagt uns: So wie Jesus selbst das Brot und der Kelch war, so sind auch wir selber das Brot, das auf der Erde verteilt, und der Kelch, der für die Menschen vergossen wird.

aufruf

BÜRGER WÄHLT BARABBAS!
zeigt es pilatus zeigt
daß ihr keine furcht habt vor ihm
erhebt eure stimme bürger
für den partisanen unserer freiheit
zeigt es dem nazarenischen wirrkopf
der lästert den gott der väter
der höhnt der verrät
die heiligsten güter
unserer tapferen nation
WÄHLT BARABBAS BÜRGER!

das ende vom lied

I   die freunde sagten:
    mal uns ein bild
    ein neues bild
    ein geistliches bild

    und ich malte
    ein neues bild

    doch siehe: das bild
    das ich malte
    zeigte das ende
    der geistlichen bilder

II die freunde sagten:
    sing uns ein lied
    ein neues lied
    ein geistliches lied

    und ich sang
    ein neues lied

    doch siehe: das lied
    das ich sang
    war das Ende
    vom geistlichen lied

es hat nie
an leuten gefehlt
die ihn
auf den besseren weg
zu bringen versuchten
es braucht sich
niemand
einen vorwurf zu machen

er aber wich
seinen ratern und rettern
geflissentlich aus
und wählte
meistens
den schlechteren weg –
oder was wir
den schlechteren nennen

bleibt uns die frage:
ob vielleicht
der schlechtere weg
für ihn
der bessere war?

Nacht vor dem Tod

Jesus, der seinen Tod kommen sieht, gerät in Angst und Verzweiflung. Warum läßt Gott die Macht seiner Gegner zu – der jüdischen Priester, des Staates? Warum verstehen ihn so wenige ganz, nicht einmal alle Jünger? Ist das Reich Gottes auf Erden gescheitert – erreichen Liebe, Gerechtigkeit, Friede die Herzen nicht?
Jesus betet. Und als er sich zum göttlichen Licht, symbolisch am Himmel sichtbar, ausstreckt, da ist er mit einem Mal getragen, hinausgehoben über alle Angst. Selbst wenn der bergende Baum des Gartens schon bald ein Kreuz sein wird! Selbst wenn die Jünger seine Angst nicht merken, nicht mit ihm leiden und im Schlaf versinken, von sich selbst gefangen. Nur mehr ein Teppich zu seinen Füßen, gewoben aus Hoffnungslosigkeit und Versagen.
Der Verräter und die Soldaten stehen schon bereit. Gewalt wird eingesetzt gegen den Gewaltgegner. Ist nicht das gefährlichste Bajonett der ausgestreckte Arm des Judas? Jesus – schon bald gefangen, im traurigen, niederträchtigen, billigen Netz der Gewalt, das millionenfach ausgeworfen wurde bis heute und noch nie zerriß. Bis heute – das meint unser Bild: Denn es schreitet im Hintergrund bis in unser Jahrhundert, zu Panzern und Fabriken. Wo ist das Reich Gottes – heute?

das könnte manchen herren so passen
wenn mit dem tode alles beglichen
die herrschaft der herren
die knechtschaft der knechte
bestätigt wäre für immer

das könnte manchen herren so passen
wenn sie in ewigkeit
herren blieben im teuren privatgrab
und ihre knechte
knechte in billigen reihengräbern

aber es kommt eine auferstehung
die anders ganz anders wird als wir dachten
es kommt eine auferstehung die ist
der aufstand gottes gegen die herren
und gegen den herrn aller herren: den tod

Justizmord am Morgen

Ich erfasse das Bild von oben nach unten: Oben der Mächtige, der die Gewalt hat – unten Jesus und die Masse, die Gewalt erleiden.
Der Mächtige kann sein: Pilatus, der Politiker, der Jesus verurteilt – im klaren Wissen, einen Unschuldigen zu töten. Es kann sein: der Hohepriester, der geistige Führer des Volkes, treibende Kraft hinter dem verlogenen Prozeß, der den überlegenen, göttlichen Jesus zum Schweigen bringen will – in leiser Ahnung, daß er damit Gott selbst tötet. Der Mächtige könnte auch sein: der Unternehmer, der seine Arbeiter ins Leiden treibt und manchmal bis in den Tod. Hinter dem Mächtigen jedenfalls erscheint die geballte Macht dieser Welt: Kamine, Fabriken, Kasernen in einem. Erschütternd ist sein unmenschliches Gesicht, erschütternd der ausgestreckte Arm, der das Todesurteil spricht: nichts als nackte Gewalt!
Der Mächtige braucht Gewalt gegen den Ohnmächtigen – das war schon damals so, bei Jesus.
Die Soldaten, von der gleichen Farbe wie der Mächtige, Marionetten, aufstellbar wie Klappstühle, klemmen auf Befehl Jesus und die Zuschauer ein, und sperren dem Volk den Ausweg mit einem Maschinengewehr. Sie gehorchen, um zu leben – aber wie oft töten sie dafür ihr eigenes Gewissen. Das Volk, hohlköpfig, gesichtslos wie früher, wird entlarvt als ebenso machtlos wie Jesus, auch das Volk Spielball der Mächtigen, leichenfahl wie Jesus.
Und Jesus in der Mitte, er bricht zusammen unter dem Kreuz, er schaut zurück auf seinen Weg, auf alle Hoffnung, Liebe und Gemeinschaft, die er aufgerichtet hat. Er sucht wohl auch nach seinen Freunden – und findet sie nicht. Sie haben sich, in Todesangst, versteckt. Findet er uns heute – mitten in der Nacht oder frühmorgens?

nur einer tats

ich sterbe nicht
ich werde gestorben
auch du stirbst nicht
du wirst gestorben

das tatwort
sterben
belügt uns

wir tun es nicht
nur einer tats

Jesus am Kreuz

So kennen wir Jesus am Kreuz nicht: voller Lebenskraft, die Lippen geballt, klare, helle Augen auf uns gerichtet. Gessler sieht nicht den tausendfach dargestellten leidenden, in sein Schicksal ergebenen Jesus vor sich, sondern einen Jesus voller Zorn – Zorn über seine Freunde, die ihn feige verließen; Zorn über die brutale Menschenwelt, wo Gewalt scheinbar mehr erreicht als Liebe und Wahrheit; Zorn über die verhärteten Herzen gerade der frömmsten Menschen.

Dabei wird jetzt, am Kreuz, die Wahrheit sichtbar: Jesus in der Kraft seines Liebens, Leidens und Hoffens ist größer und stärker als alle andern – die scheinbar Mächtigen. Die Marionetten der Macht, die bis über den Kopf hinaus Bewaffneten, sind zu Schatten gedunkelt. Sie haben ausgespielt. Denn Gott begleitet seinen Christus auch jetzt, im Leiden: am Galgen, im Konzentrationslager, im Krieg, bis in den Tod. Millionen haben schon die Krone aus Stacheldraht gespürt, aber auch Gottes Kraft im größten Leiden erhalten, bis heute! Wohl hat sich das Tor der Hölle zu Jesu Füßen brennend-rot geöffnet, wohl leidet er in diesen Stunden Höllenqualen an Körper und Seele, aber dennoch grünt die Erde frühlingshaft, und der Himmel leuchtet. Ja, ein Stück des blauen Gotteshimmels ist mitten in die Welt gefallen – durch Jesus ein für allemal auf unsere Erde gebannt! Nichts war vergebens, Gottes Reich bleibt unter uns, auch wenn Jesus stirbt. Daran ändert auch sein letzter Schmerz, seine zutiefst menschliche Verzweiflung nichts mehr – sein Schrei: »Mein Gott, mein Gott, warum hast du mich verlassen?«

jahwe jesus jetzt

jahwe
– – –
du: mit diesem bekannten namen
der nichts bekanntes bedeutet
du: mit diesem namen
der den namen verweigert

JAHWE von je zu je:
»ich bin der ich bin«
JAHWE von jetzt zu jetzt:
»ich werde sein wie ich da sein werde«

du: der da kommt

jesus
– – –
und gekommen
geburtlich
sterblich
wie alle wie ich:
bruder du
in entbrüderter welt

jetzt
– – –

    und geist jetzt: denn lieber
    als einsam herr oder herrin zu sein
    fließest du über
    in menschen hinein

    geist jetzt: und agent
    der heilig auf erden
    nur danach brennt
    sozial und sinnlich zu werden

immerwährende kreuzigung

dogmen machen ihn dingfest
herrschaft legt ihn aufs kreuz
begriffe nageln ihn fest
kirchen hissen ihn hoch

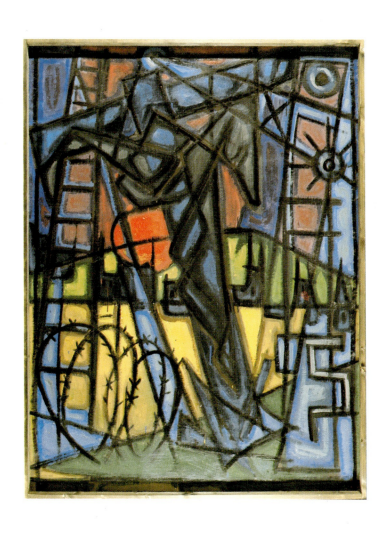

Welt ohne Gott

Jesus ist tot. Wir müssen das mitfühlen: Der Lehrer eines menschlicheren Lebens kann nicht mehr reden. Der Beste der Menschen ist ausgelöscht, für immer. In seinem toten Körper ist kaum mehr ein Mensch zu erkennen. All die Menschen, die durch ihn auflebten und aufstanden, wo sollen sie Hoffnung schöpfen? Wo ist nun die Quelle der Liebe in unsrer Welt? Welt ohne Gott!
Die ganze Welt ist erschüttert, verfinstert, zum Durcheinander geworden – Chaos, geflochten aus den Mordwerkzeugen wie Kreuz, Leiter, Kran und Stacheldraht. Friedliche Häuser wurden Ruinen. Die Welt vor dem Untergang?
Am schlimmsten die entsetzliche Leere: kein Mensch ist mehr da. Die Mächtigen sind vor ihrer eignen Bosheit geflüchtet, ins Festen und Essen. Die Ruhe um jeden Preis ist erreicht. Und die Freunde des göttlichen Menschen sind aus Todesangst geflüchtet, in ein Versteck. Dies wiederholt sich bis heute – nur daß dank der modernen Technik Gewalttat immer schrecklicher wird. So wird unser Bild unversehens zum Spiegelbild der heutigen Welt. Unsere Welt, immer mehr durcheinandergebracht durch die Schöpfungen des Menschen, immer mehr ausgebeutet und ruiniert, wird sie überleben?
Kein Wunder, daß heute viele Menschen auch in ihrem Innern so zerrissen sind: Das Beste in ihnen ist gestorben, Hoffnung und schöpferische Kraft, ermordet durch Hetze, Vereinsamung, Unterdrückung in unserer »schönen, neuen Welt«. Das Bild – auch Spiegelbild unserer Seele?
Und wie geht es heute weiter? Werden die Besten wiederum zum Schweigen gebracht: alle, die sich der heutigen rasenden und blinden technischen Entwicklung in den Weg stellen, der chaotischen Ausbeutung der Erde und dem lieblosen Eigennutz, wie damals Jesus?
Nein, Gott ist nicht tot. Der Künstler läßt der Hoffnung einen Spielraum. Die Sonne, rot und warm, geht vor, nicht hinter dem Horizont unter – sie bleibt bei uns. Sie könnte das Herz Jesu sein. Und ist das netzhaft gemalte Chaos nicht nur Staffage, und bräuchten wir es nicht nur wie ein schweres Eisentor wegzudrehen – und wir stünden in einer schönen, farbigen Welt?

ihr fragt
wie ist
die auferstehung der toten?
    ich weiß es nicht

ihr fragt
wann ist
die auferstehung der toten?
    ich weiß es nicht

ihr fragt
gibts
eine auferstehung der toten?
    ich weiß es nicht

ihr fragt
gibts
keine auferstehung der toten?
    ich weiß es nicht

ich weiß
nur
wonach ihr nicht fragt:
    die auferstehung derer die leben

ich weiß
nur
wozu Er uns ruft:
    zur auferstehung heute und jetzt

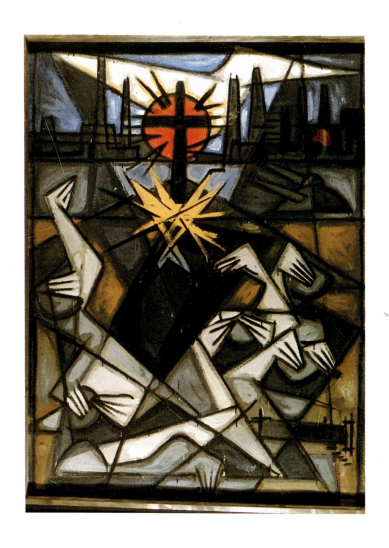

Jesus ist auferstanden

Was mit keinem Menschen geschah, das wird von Jesus erzählt: daß er, von Gott aus dem Tode erweckt, in ein neues Leben auferstand – und seinen Freunden mehrmals erschien.
Jesus lebt, ja ihm ist alle Gewalt gegeben im Himmel und auf Erden – dies ist die gute Nachricht des Christentums! Der Maler stellt das Undarstellbare dar, versucht das Unfaßliche zu fassen. Allein Symbole helfen hier: in der Mitte schwarz ein leeres Grab, darüber eine helle Explosion, dahinter das leere Kreuz, die Sonne des Schmerzes. Am Himmel Gottes Gegenwart – angezeigt mit dem Weiß-Gelb – der gleichen Farbe wie im Bild von Gethsemane.
Wichtig aber sind die Menschen im Vordergrund, das halbe Bild füllend – leuchtend in der göttlichen Farbe. Wie nehmen sie die Botschaft vom neuen Leben Jesu auf? Was tun sie? Sie erschrecken, sie halten sich die Augen zu ob des Unfaßbaren, Undenkbaren, sie greifen sich an den Kopf – und beginnen zu begreifen, durch Gottes Geist. Und, was wir hoffen können: Bald werden sie aufstehen und voll Kraft und Hoffnung das Erlebte weitersagen, Jesu angefangene Arbeit weitertun – das Reich Gottes bauen. Auch wenn die Erde braun ist und ganz neu gesät werden muß! Auch wenn die Menschenwelt noch Grau in Grau dasteht: mit all ihren Problemen, mit ihren Panzern und Fabriken!
Das Bild sagt: Gott wird jedem, der auf den Weg Jesu tritt, erscheinen. Wie bei Jesus, so ist auch unsere Liebe stärker als die Gewalt, unsere Gerechtigkeit stärker als die Habgier, unsere Hoffnung stärker als alle Resignation auf der Welt. Der auferstandene Gott steht auf der Seite aller, die aufstehen gegen Unterdrückung und Unmenschlichkeit, die aufstehen für den Himmel auf Erden.

ein nachapostolisches bekenntnis

ich glaube an gott
der liebe ist
den schöpfer des himmels und der erde

ich glaube an jesus
sein menschgewordenes wort
den messias der bedrängten und unterdrückten
der das reich gottes verkündet hat
und gekreuzigt wurde deswegen
ausgeliefert wie wir der vernichtung des todes
aber am dritten tag auferstanden
um weiterzuwirken für unsere befreiung
bis daß gott alles in allem sein wird

ich glaube an den heiligen geist
der uns zu mitstreitern des auferstandenen macht
zu brüdern und schwestern derer die für gerechtigkeit kämpfen und leiden
ich glaube an die gemeinschaft der weltweiten kirche
an die vergebung der sünden
an den frieden auf erden für den zu arbeiten sinn hat
und an eine erfüllung des lebens über unser leben hinaus

Zu den Bildern

Alle Holz- und Linolschnitte sind im Original-Blatt ca. 25 cm breit und 35 bis 40 cm hoch.

Der farbige Passions-Zyklus in acht Bildern ist in Maggia im Winter 1959/1960 entstanden. Die Originalgrößen sind je 140 × 190 cm.

Quellenhinweise

Die Gedichte von Kurt Marti sind mit freundlicher Genehmigung der Verlage entnommen aus den »Leichenreden« (es ist ein wunder; es hat nie; das könnte manchen herren so passen; ihr fragt), Sammlung Luchterhand Band 235, © 1969 Hermann Luchterhand Verlag; aus »Abendland« (zuspruch; trinität; welcher mut; intonation; abendland; jesus jahwe jetzt; immerwährende kreuzigung; ein nachapostolisches bekenntnis), © 1980 Hermann Luchterhand Verlag, Darmstadt und Neuwied; die weiteren Gedichte außer »verlassen« (© 1981 RADIUS-Verlag Stuttgart) sind enthalten in »Gedichte am Rand«, © Verlag Arthur Niggli AG, CH-9052 Niederteufen (3. Auflage 1974).

Die Bildkommentare hat Christian Radecke (Rümlang bei Zürich) für dieses Buch geschrieben.

Die Autoren

Ge Gessler wurde 1924 geboren und ist in Zürich aufgewachsen. Ausbildung als Bühnenbildner unter Teo Otto. 1945–48 Bühnenbildner am Städtebundtheater, Chefassistent von Teo Otto am Schauspielhaus Zürich und 1948–51 Mitarbeiter von Caspar Neher. 1952–54 Bühnenbildner am Stadttheater St. Gallen, seither freischaffender Künstler – zunächst im Maggiatal/Tessin, seit 1970 lebt Ge Gessler in Ottenbach bei Zürich. Zahlreiche internationale Einzelausstellungen.

Kurt Marti wurde 1921 in Bern geboren, studierte Jura und Theologie in Bern und Basel. Pfarrer der Nydeggkirche in Bern. 1972 erhielt er den Johann-Peter-Hebel-Preis und den Großen Literaturpreis des Kantons Bern. 1977 Ernennung zum Dr. theol. h.c. der Universität Bern. Gedichte von Kurt Marti wurden in 14 Sprachen übersetzt.

Heinrich Albertz
Blumen für Stukenbrock

Biographisches

Zwölf Monate lang hat Pastor Heinrich Albertz Tagebuch geführt und dabei – auf die Jahre und Jahrzehnte zurückblickend – festgehalten, was sich in seinem Leben um ihn herum ereignet hat: Schule und Studium, die Zeit der Bekennenden Kirche, die Jahre als Regierungsmitglied in Niedersachsen und Berlin, als Regierender Bürgermeister und Pastor in einer geteilten Stadt, der Flug mit den Terroristen nach Aden 1975, Begegnungen, Diskussionen, Freundschaften... Wie kein anderer Theologe und Politiker wird Heinrich Albertz von Jugendlichen und Älteren als Gesprächspartner ernstgenommen, weil er zu seinen Überzeugungen steht, auch, wenn das für ihn Verlust von »Macht«, von Status, von Ruhm bedeutet. »Blumen für Stukenbrock« ist ein biographisches Tagebuch: es zeigt ein Leben mit Zivilcourage und Engagement, für Frieden und Gerechtigkeit.

»Blumen für Stukenbrock«: 320 Seiten, gebunden mit Schutzumschlag DM 34,–

Im RADIUS-Verlag

Kniebisstraße 29 – 7000 Stuttgart 1

»Wenn Literatur allgemein ihren Anlaß im Empfinden eines Mangels hat, dann ist dieses Buch ein Musterbeispiel sozialer Literatur. Ein Buch, das nicht nur aus resozialisierenden und therapeutischen Gründen wichtig ist, sondern auch für die draußen, weil es betroffen macht durch den Nachweis:  da sitzen welche stellvertretend für viele von uns, die wir bessere Bedingungen hatten. Literatur als Schrei: des Protests gegen Unmenschlichkeit, des Aufbegehrens, des Verlangens nach Änderung. Jedes Gedicht einzeln ein Beweis, wie notwendig wir alle diese Literatur haben.« ekz-informationsdienst

»Man tut gut daran, obwohl sich hier manches beachtliche literarische Talent offenbart, an diese Dichtung nicht nur mit streng literarischen und rein ästhetischen Maßstäben heranzugehen. Es sind sehr subjektive Aussagen persönlich Betroffener, bei denen man niemals den allen gemeinsamen sozialen Hintergrund aus dem Auge verliert ...« Die Bücherkommentare

Schatten im Kalk. *Vorgestellt vom PEN-Zentrum der BRD. Zusammengestellt und herausgegeben von Ingeborg Drewitz. 140 Seiten, Paperback DM 12,80*

RADIUS-Verlag · Kniebisstr. 29 · 7 Stuttgart